Huguette Kirby

Tolle Tipps für Halloween

Basteln, schminken, dekorieren

Ravensburger Buchverlag

Inhaltsverzeichnis

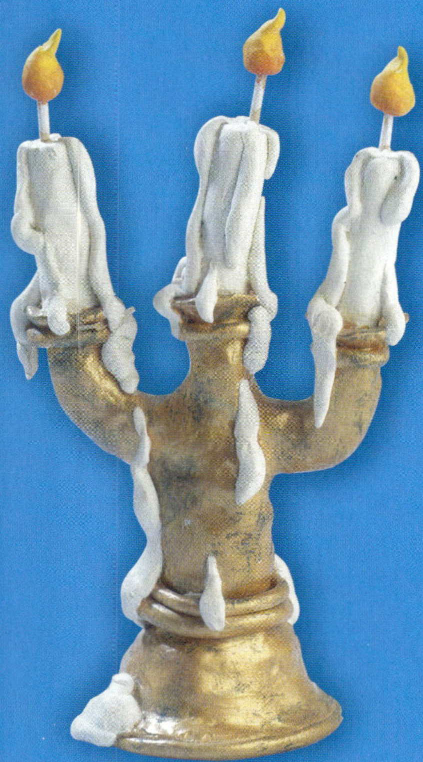

Die Geheimnisse von Halloween

Damit deine Halloween-Party ein Erfolg wird, das heißt so richtig fürchterlich, musst du sie gut vorbereiten. Wenn du keine Angst vor schleimigen Kröten, haarigen Spinnen und blutrünstigen Fledermäusen hast, wird dir dieses Buch eine wertvolle Hilfe bei den Vorbereitungen sein.

Du findest hier gruselige und originelle Ideen wie z. B. Einladungskarten, aus denen Gespenster hervorspringen oder schaurige Fotorahmen für deine Gäste. Einige Tage vorher solltest du die Dekoration für das Haus vorbereiten: Fledermäuse aus Karton, die von der Decke herabhängen, Kürbisse aus Pappmaschee, Dosen in der Form von Särgen … Danach wird es Zeit, an die Verkleidung zu denken. Du kannst beispielsweise deine Kleider mit schrecklichen Insekten verzieren und Totenkopfmasken herstellen. Dieses Buch erklärt dir auch die Schminktechniken, um wie Dracula und andere fürchterliche Persönlichkeiten auszusehen. Und damit nicht genug … Halloween ist vor allem ein Fest: Du findest deshalb außerdem Ideen zu gruseligen Spielen und Rezepte wie den Madenkuchen …

Warne deine Freunde: Halloween ist nichts für Angsthasen und Feiglinge.

Das Fest kann beginnen!

Achtung!

Cutter, Messer und spitze Schere sollten nur Erwachsene verwenden. Auch der Holzkleber, die Acrylfarben, Kerzen und Küchengeräte dürfen nur benutzt werden, wenn ein Erwachsener dabei ist.

Vorbereitung des Tapetenkleisters
Rühre den Tapetenkleister genau nach den Angaben auf der Packung an.

Drucken von Motiven auf Papier oder Stoff

Du brauchst:

- Pauspapier
- ein Stück festen Karton
- einen Stift
- ein Stück Moosgummi
- Universalkleber
- Acrylfarbe (zum Drucken auf Papier)
- spezielle Stofffarbe (zum Drucken auf Stoff)
- einen Pinsel
- eine Schere

1 Zeichne das Bild auf Pauspapier. Schneide es aus, leg es dann auf das Moosgummi. Übertrage die Konturen des Motivs. Schneide es mit der Schere aus.

2 Klebe das Motiv auf den Karton und lasse es zwei Stunden lang trocknen. Bitte einen Erwachsenen, den Karton um das Motiv herum auszuschneiden.

3 Trage mit dem Pinsel reichlich Farbe auf das Motiv auf.

Wenn du Stoff bedruckst, lasse dein Werk zwei Stunden trocknen. Bitte einen Erwachsenen, es mit einem heißen Bügeleisen zu bügeln, um die Farben gut zu fixieren. Dann kannst du dein Werk mit der Hand oder bei 30 °C in der Maschine waschen.

4 Drehe den Stempel um und setze ihn auf die Unterlage. Drücke fest auf, um das Motiv zu drucken. Bevor du beginnst, mache zunächst einen Versuch auf einem Stück Papier oder Stoff.

Pop-up-Karten

Du brauchst:
- 2 Rechtecke aus Papier, eines für die Karte und eines für das Schloss
- Universalkleber
- eine Schere
- ein Messer mit rundem Ende

1 Schneide ein Papierrechteck für die Karte zurecht und eines für die Form des Schlosses.

2 Ziehe mit einem stumpfen Messer eine Rille in der Mitte des ersten Rechtecks und auf dem Schloss, um die Kniffe zu machen.

3 Schneide für das Eingangstor die Mittellinie etwas ein und den oberen Teil der Türen aus.

4 Klebe das Schloss an den Seiten auf der Karte fest. Wenn die Karte zugeklappt ist, sollte das Schloss nicht darüber hinausragen.

↘ Für die Herstellung der Gespensterkarte brauchst du Pauspapier.

Kürbislaterne

Du brauchst:
- Zeitungspapier
- Tapetenkleister
- einen großen Luftballon
- Acrylfarben
- einen Pinsel
- einen Cutter
- einen Stift

1 Blase den Ballon auf und bereite den Kleister nach der Packungsanweisung vor. Zerreiße die Zeitung in kleine Papierschnipsel. Verteile Kleister auf dem Ballon. Setze die Papierschnipsel auf den Kleister und verteile abermals Tapetenkleister auf der Papierschicht. Lasse am oberen Rand des Ballons eine Öffnung frei.

2 Fahre in dieser Weise fort, bis du den Ballon vollständig mit zwei Schichten Papier beklebt hast. Lasse ihn 24 Stunden trocknen. Wiederhole dieses Verfahren dreimal, bis du sechs Papierschichten hergestellt hast.

Verwende ein altes Telefonbuch, indem du eine Schicht mit gelben Seiten und eine Schicht mit weißen Seiten klebst: So kannst du sehen, wie viele Schichten du schon geklebt hast.

3 Grundiere die ganze Laterne in Weiß und lasse sie etwa 20 Minuten trocknen, bevor du sie in Orange bemalst. Falls notwendig, streiche sie ein zweites Mal in Orange und lasse sie wieder 20 Minuten trocknen.

4 Stich den Ballon an, damit er platzt, und hole ihn heraus. Male die Augen, die Nase und den Mund mit einem Stift vor. Bitte einen Erwachsenen, sie mit einem Cutter herauszuschneiden. Setze eine elektrische Lampe hinein.

Stelle die Laterne hinter ein Fenster. Nachts wirkt das schön schaurig!

Wenn du einen echten Kürbis lieber magst, bitte einen Erwachsenen, den unteren Teil abzuschneiden, höhle dann den Kürbis mit einem großen Löffel aus. Bitte einen Erwachsenen, die Augen, die Nase und den Mund mit einem spitzen Messer auszuschneiden, außerdem braucht die Laterne eine runde Öffnung von 2 cm Durchmesser für ein „Abzugsloch" oben auf dem Kopf. Stelle eine Kerze auf den Boden des Kürbisses, dann setze den Kopf darauf.

Gespensterbecher

Du brauchst:
- Pappbecher
- farbiges Papier
- schwarze Acrylfarbe
- Universalkleber
- einen Pinsel
- eine Schere
- ein Messer mit rundem Ende

1 Schneide zwei gleiche Formen aus dem farbigen Papier. Sie sollen den Becher vollständig bedecken.

2 Aus einer der Formen schneide die Arme des Gespenstes aus. Dann ziehe mit einem Messer mit rundem Ende eine Rille an jeder Seite, um die Arme knicken zu können.

3 Male die Augen und den Mund in Schwarz.

4 Klebe auf die eine Seite des Bechers den unbemalten Papierstreifen und das Gespenstergesicht auf die andere Seite. Knicke die Arme am Falz ein.

Du kannst auch eine grüne oder orange Papiertischdecke bedrucken.

Schau auf Seite 5 nach, wie man die Decke bedruckt.

Schreckenshandschuhe

Du brauchst:
- ein Paar Haushaltshandschuhe
- 2 Tischtennisbälle (für einen Handschuh)
- Acrylfarben
- einen Pinsel
- einen Cutter
- Universalkleber

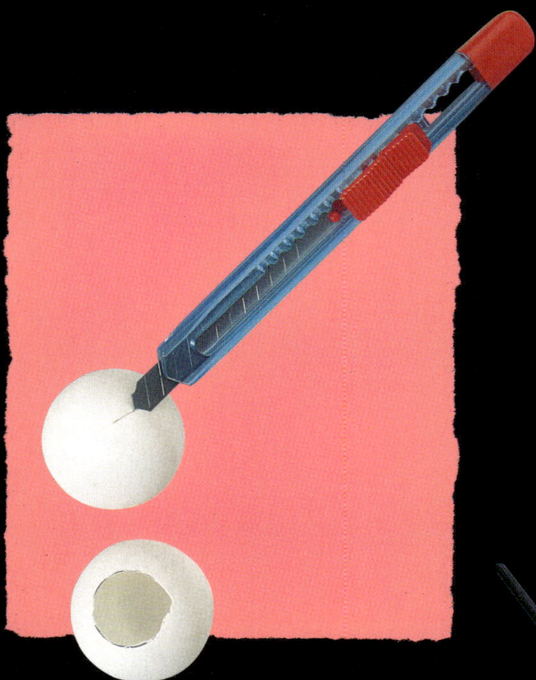

1 Bitte einen Erwachsenen, in die Tischtennisbälle Löcher mit einem Durchmesser von 15 mm zu schneiden.

2 Setze den Ball mit der Öffnung nach unten auf den Tisch, sodass er nicht wegrollen kann. Male einen großen Kreis blau aus und male darüber einen kleineren in Schwarz. Male dann rote Adern um das Auge herum.

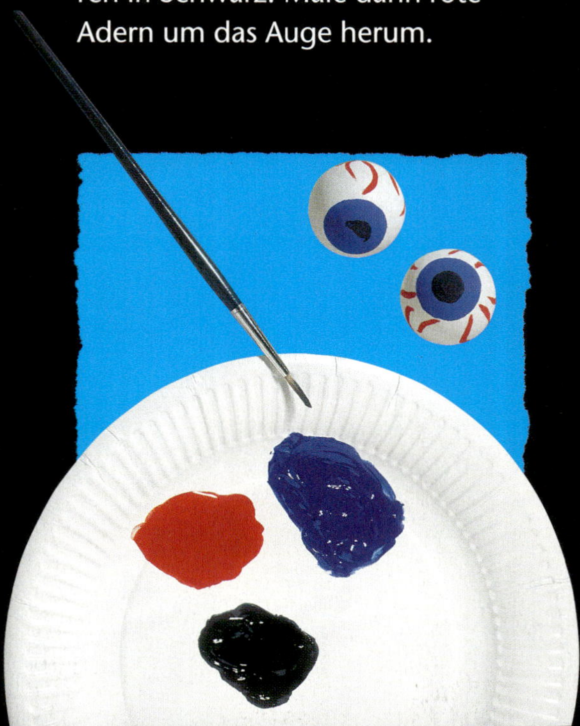

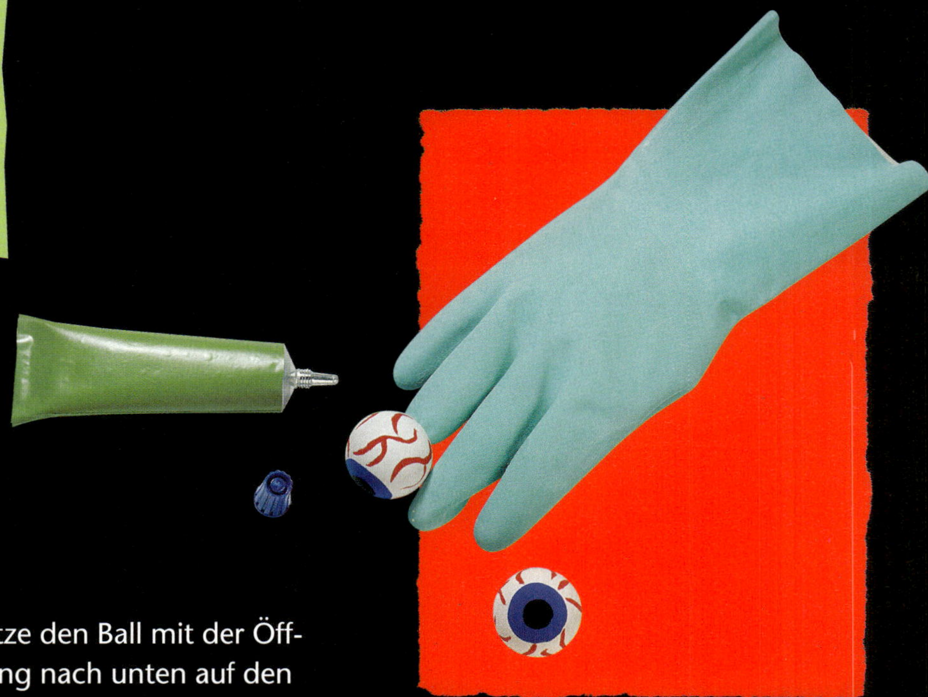

3 Verstreiche ein wenig Klebstoff auf den Fingerkuppen der Handschuhe (Zeige- und Ringfinger), stülpe dann die Tischtennisbälle darüber. Lasse sie vier Stunden trocknen.

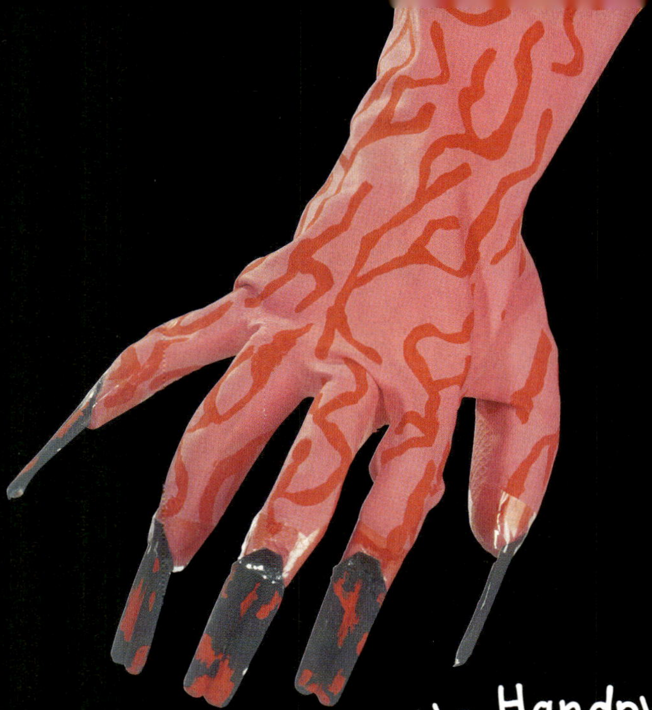

Eine originelle Handpuppe zum Erschrecken deiner Freunde.

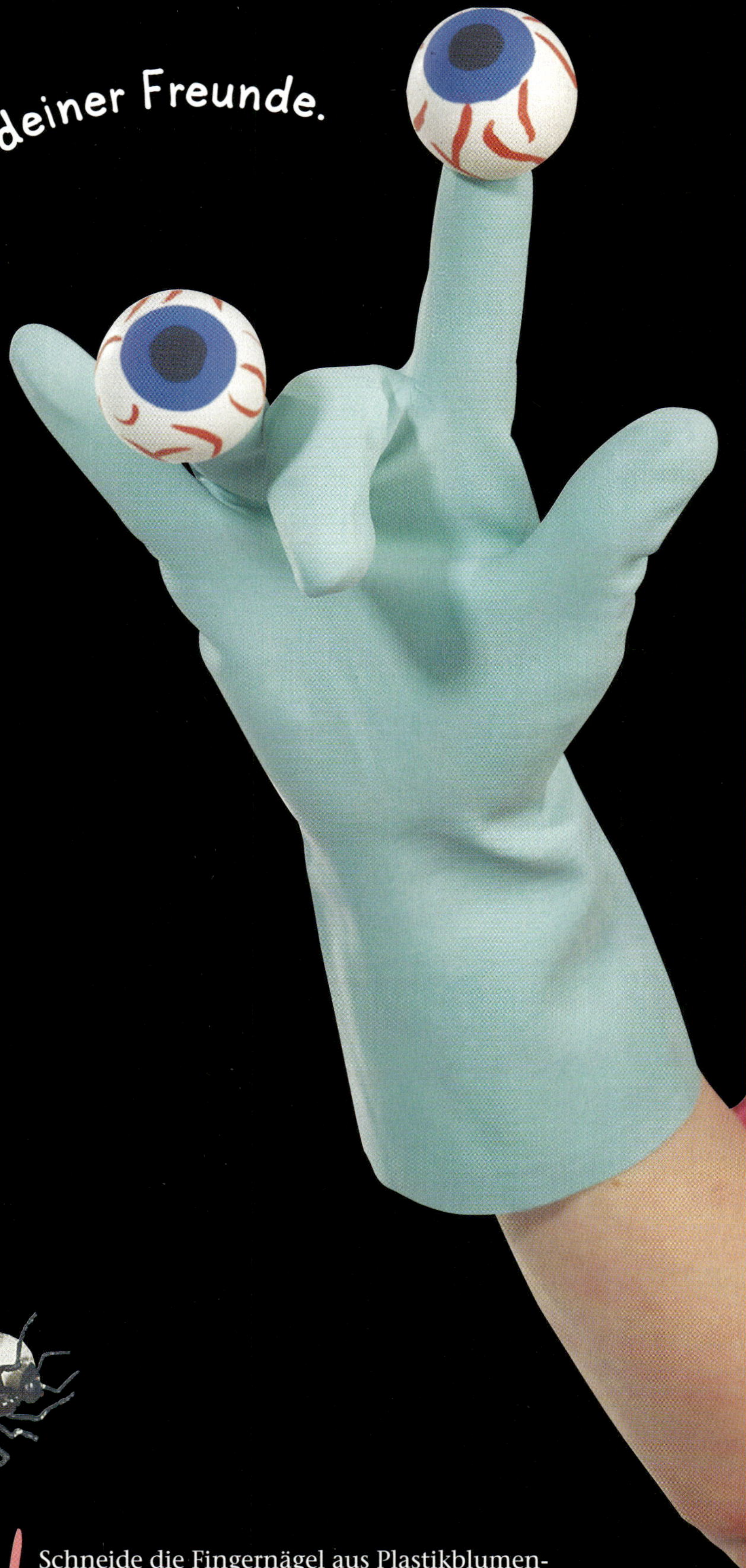

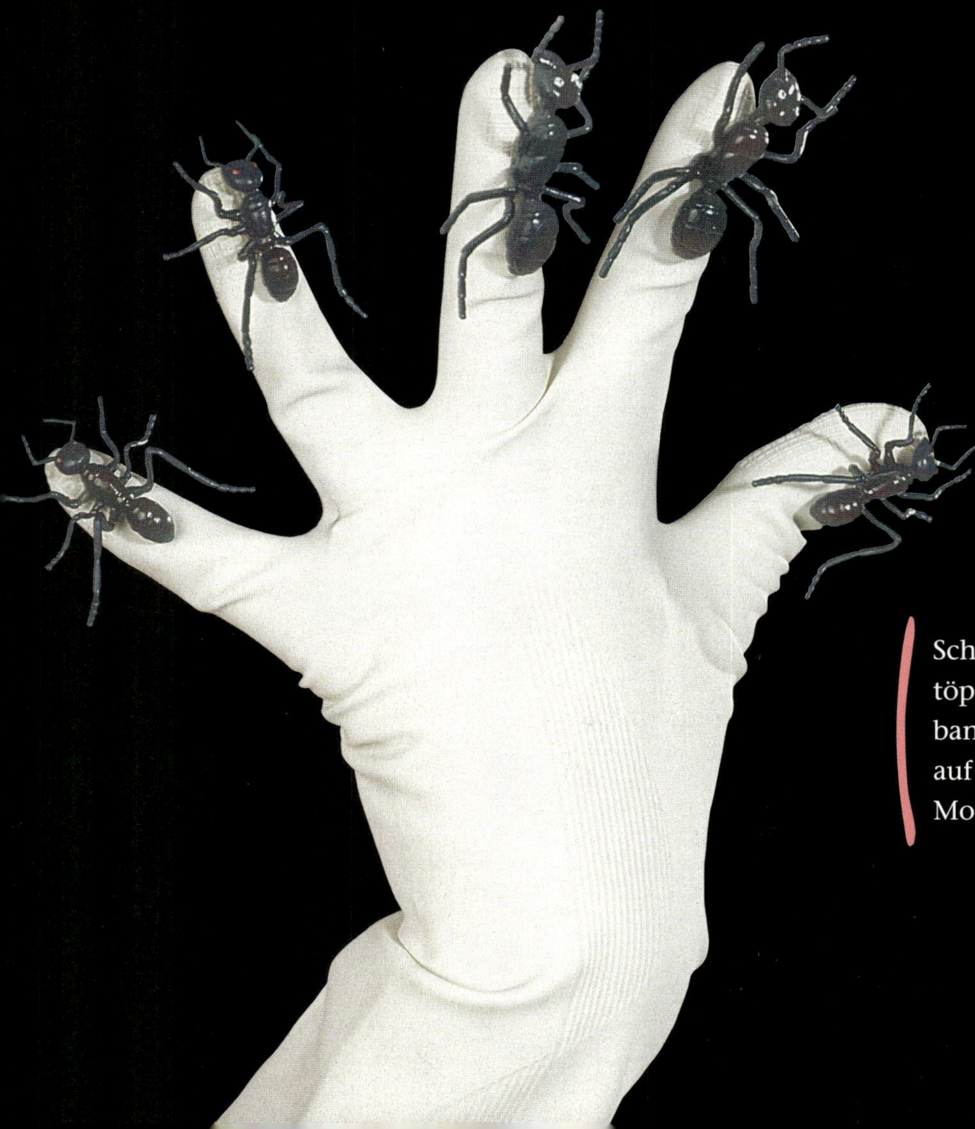

Schneide die Fingernägel aus Plastikblumentöpfen aus. Male sie an und klebe sie mit Klebeband auf den Handschuh. Male rote Blutadern auf den Handschuh. Du kannst auch andere Modelle erfinden.

Fledermaus-T-Shirt

Du brauchst:
- ein schwarzes langärmeliges T-Shirt
- schwarzen, weißen und roten Filz
- weißen Holzleim aus der Tube
- eine Schere

1 Schneide aus dem Filz folgende Formen aus: die Flügel, die Zähne, die Augen, die Ohren und die Augenbrauen.

2 Lege das T-Shirt auf den Rücken und klebe die Flügel unter die Arme. Lasse sie zwei Stunden trocknen.

3 Klebe alle anderen Elemente, die du ausgeschnitten hast, auf die Vorderseite des T-Shirts. Bevor du es anziehst, lasse dein T-Shirt einen Tag lang trocknen.

↗ Klebe Spinnen, Ameisen oder anderes Getier aus Plastik auf ein T-Shirt. Das ist wirklich zum Fürchten!

Verwende Plastikkleber, um die Tiere auf das T-Shirt zu kleben.

Kürbishut

Du brauchst:

- Krepppapier in Orange und Grün
- dünnen Tonkarton
- weißen Holzleim in der Tube
- 30 cm Blumendraht
- Nähseide
- eine Schere
- einen Tacker

1 Schneide aus dem orangen Krepppapier einen Streifen von 1 m Länge und 40 cm Breite aus. Schneide aus dem Tonpapier einen Streifen von 4 x 62 cm und zwei andere von 2 x 30 cm.

2 Hefte den langen Streifen zu einem Ring zusammen (passe ihn deinem Kopf an), dann setze die beiden anderen Streifen wie zu einer Krone darüber und tackere sie fest. Du kannst die gehefteten Stellen mit Klebeband verstärken.

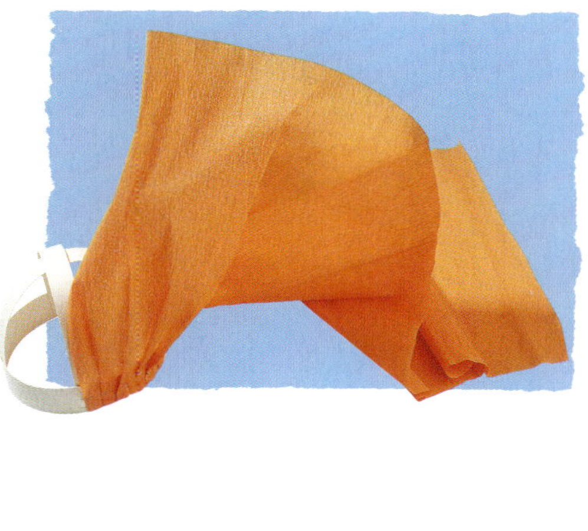

3 Tackere das Krepppapier an die Krone. Dabei musst du es in Falten legen.

4 Führe das Papier oberhalb des Hutes zusammen, setze einen kleinen Krepppapierstreifen darauf und binde es mit Nähseide zusammen.

5 Umwickle den Blumendraht mit grünem Krepppapier, auf das du Klebstoff gestrichen hast. Schneide zwei gleiche Blätter aus dem Papier sowie einen schmalen Streifen (ca. 62 cm Länge).

6 Klebe den grünen Papierstreifen um den unteren Rand des Hutes, dann befestige Blatt und Stängel an der Spitze des Kürbisses.

Erfinde weitere Hüte wie den Hut des Zauberers.

Eine Krone mit beweglichen Augen hat einen ganz tollen Effekt! Stelle sie aus Krepp-papier, Papierkugeln und Pfeifenreinigern her.

Unheimliche Gesichter

Du brauchst:
- ein Schminkschwämmchen
- einen Pinsel
- Wasserschminke

(Diese Schminkprodukte sind fettfrei. Sie lassen sich leicht mit Wasser und Seife oder mit Abschminkcreme entfernen.)

Bitte einen Erwachsenen, dich zu schminken, oder schminke dich vor einem Spiegel. Frisiere deine Haare mit Haargel nach hinten.

1 Schminke dein Gesicht mit dem Schminkschwämmchen vollständig weiß, die Augenlider zum Schluss. Achtung: Schließe dabei die Augen!

2 Ziehe mit einem Pinsel die Bögen der Haarwurzeln und des Kinns schwarz nach. Du kannst den Haaransatz mit einbeziehen.

3 Betone mit schwarzen Linien deine Augenbrauen, die Augenwinkel, die Nasenlöcher und die Härchen vor dem Ohr.

4 Zeichne die Zähne über die Unterlippe und das Kinn. Ziehe einen roten Strich unter den Augen. Male die Lippen rot. Dabei musst du aufpassen, dass du nicht über die Zähne malst. Füge einen roten Tropfen in der Nähe eines Zahns hinzu.

Schaue grimmig und fixiere deine Opfer!

„Spieglein, Spieglein an der Wand, wer ist der Schrecklichste im ganzen Land?“
Um das Gesicht mit den blutenden Pestbeulen herzustellen, vermische einen Löffel Mehl und einen Löffel Öl in einer Schüssel. Verrühre es gut, bis du eine klebrige Masse erhältst. Verstreiche diese Paste unregelmäßig auf deinem Gesicht. Füge einige Kleckse Ketschup hinzu.

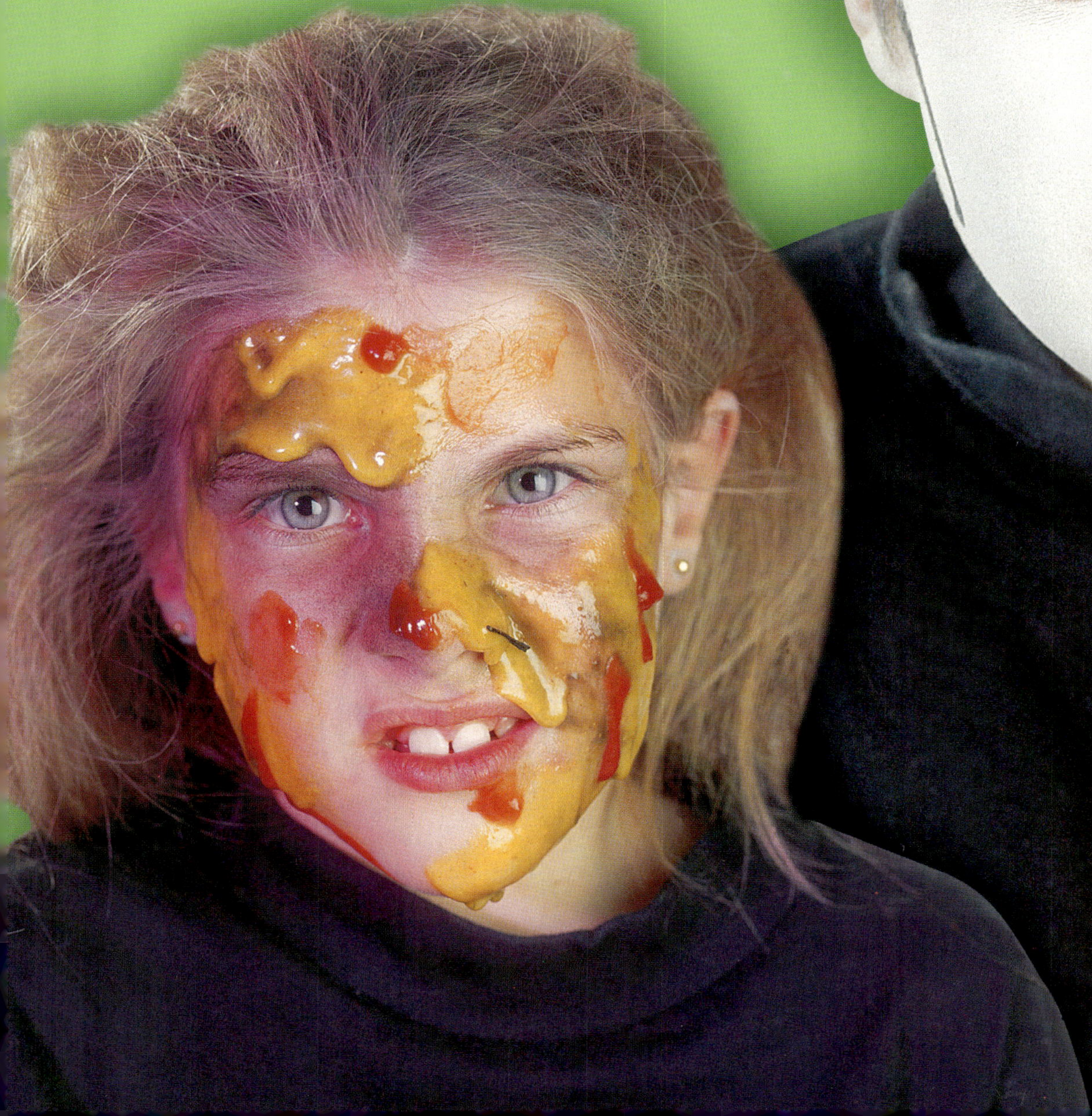

Monstermaske

Du brauchst:

- einen Pappteller
- einen Eierkarton
- eine Schere
- einen Cutter
- Acrylfarbe
- einen Pinsel
- Universalkleber
- farbigen Bast
- 30 cm weiches Gummiband

1 Schneide aus dem Pappteller das Gesicht, die Nase und die Ohren für die Maske aus.

2 Schneide aus dem Eierkarton die Augen aus. Bitte einen Erwachsenen, in die Mitte des Auges ein Loch zu schneiden.

3 Bitte einen Erwachsenen, mit dem Cutter Löcher für die Augen in den Pappteller zu schneiden. Dann male jedes Teil an.

4 Binde kleine Bastbündel für Augenbrauen und Haare. Dann klebe alle Teile zusammen. Lasse sie 24 Stunden trocknen.

Vielleicht magst du ja diesen charmanten Totenkopf lieber.

Gruselige Fotorahmen

Du brauchst:
- ein großes Stück Pappkarton
- Acrylfarben
- einen Pinsel
- einen Cutter
- Holzleim aus der Tube
- einen Stift
- eine Schere

1 Schneide alle Teile des Rahmens aus dem Pappkarton aus. Der Rahmen sollte ca. 47 x 60 cm groß sein.

2 Setze die vier Seiten des Rahmens zusammen und klebe die Dekorationen auf.

3 Grundiere den Rahmen in Weiß. Lasse ihn eine Stunde trocknen, dann übermale ihn zweimal mit Gold. Lasse jede Schicht Gold eine Stunde lang trocknen.

4 Schneide ein Rechteck aus Pappe aus, das du später hinter den Rahmen klebst. Male es weiß an. Zeichne ein Bild mit dem Stift vor (siehe Vorlagen S. 35). Bitte einen Erwachsenen, mit einem Cutter die Form des Gesichts auszuschneiden.

5 Male das Bild bunt und schön gruselig an. Klebe anschließend den Rahmen darüber.

Bitte deine Gäste, durch die Öffnung des Bildes zu schauen, und mache Fotos.

Gespensterkostüm

Du brauchst:
- ein altes weißes Laken (1,50 x 2,50 m)
- schwarzes Krepppapier
- 6 m Blumendraht
- Holzleim in der Tube
- Zeitungspapier
- Klebeband
- Acrylfarben
- Tapetenkleister
- einen Pinsel
- eine Schere
- eine Kneifzange

1 Knülle Zeitungspapier zu einer Kugel von der Größe einer Pampelmuse zusammen. Umklebe es mit Klebeband, sodass die runde Form erhalten bleibt.

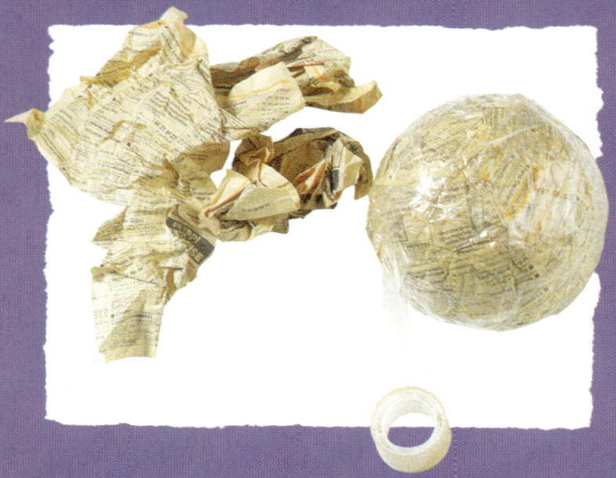

2 Bereite den Tapetenkleister vor und zerreiße anschließend das Zeitungspapier in kleine Schnipsel. Gib Kleister darüber. Bedecke die Kugel insgesamt mit drei Lagen Papier. Lasse sie 48 Stunden trocknen.

3 Grundiere die Kugel weiß. Lasse sie 15 Minuten trocknen und male sie anschließend mit Schwarz an.

4 Kneife 40 gleich lange Abschnitte Blumendraht (je 14 cm) ab. Füge sie zu einem Ring zusammen und schließe sie, indem du das eine Ende um das andere wickelst. Vergiss nicht, die Ringe ineinander zu fügen, bevor du sie schließt. Umwickle die Ringe mit Krepppapier (je 1 x 50 cm), das du mit Holzleim bestrichen hast.

5 Lasse den letzten Ring offen. Bitte einen Erwachsenen, mit der Spitze der Schere zwei Löcher in die Papierkugel zu bohren. Gib einen Tropfen Holzleim in jedes Loch und stecke jeweils ein Ende der Kette hinein.

↗ Du kannst auch andere Verkleidungen erfinden. Das Motto lautet einfach: Monster- und Gespensterparty!

Um dich als Gespenst zu verkleiden, ziehe das Laken so über den Kopf, dass dieser sich in der Mitte des Lakens befindet. Bitte einen Erwachsenen, mit einem Stift die Augen und die Nase einzuzeichnen. Schneide aus dem Laken entlang der Zeichnung die Augen und die Nase aus. Die Wirkung ist noch eindrucksvoller, wenn du dein Gesicht schwarz schminkst. Ziehe anschließend das Laken wieder über den Kopf und lege dir die Kette um deinen Hals.

Du kannst dich auch in ein haariges Monster verwandeln. Dazu musst du Filzstreifen auf ein T-Shirt und eine Hose kleben.

Fledermäuse

Du brauchst:
- schwarzen Tonkarton
- Wattekugeln
- weißen Holzleim aus der Tube
- 50 cm Hutgummi
- einen Cutter
- eine Schere
- schwarze Farbe
- einen Pinsel

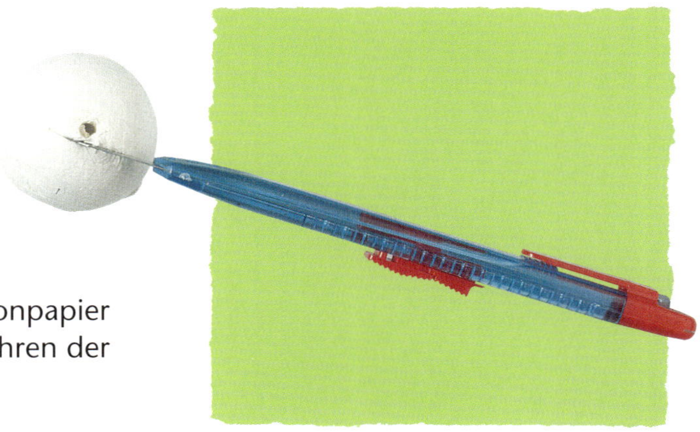

1 Schneide aus dem Tonpapier die Flügel und die Ohren der Fledermaus aus.

2 Bitte einen Erwachsenen drei Schlitze in die Kugeln zu schneiden: einen oben beim Loch und einen auf jeder Seite.

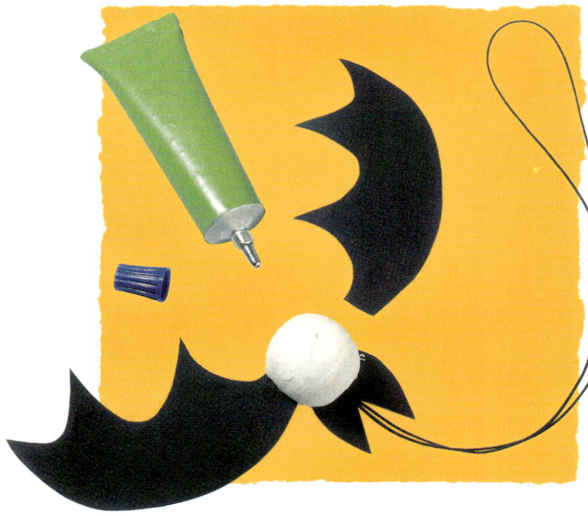

3 Gib ein wenig Leim in das Loch und in die Schlitze und schiebe anschließend das Gummiband, die Ohren und die Flügel hinein. Lasse das Ganze zwei Stunden trocknen.

4 Male die Kugel bis auf die Augen und die Zähne deckend schwarz an.

Hänge die Fledermäuse überall im Haus auf.

Erfinde andere witzige kleine Monster. Du kannst z. B. bunte Kugeln auf Schaschlikspieße stecken.

Bonbonsarg

Du brauchst:
- Pappkarton
- ein Blatt Zeichenpapier
- schwarzes Tonpapier
- ein großer Haushaltsgummiring
- Acrylfarben
- Holzleim in der Tube
- Klebeband
- eine Schere
- einen Pinsel
- ein Messer mit rundem Ende

1 Schneide (entsprechend der Vorlage auf S. 35) die Dose und den Deckel aus dem Pappkarton aus. Ziehe die Falzlinien mit dem Messer nach. Male die Dose anschließend schwarz und die Deckelinnenseite rot an.

2 Schneide die Form des Sarges aus dem Zeichenpapier aus und übertrage das Modell des Vampirs (siehe S. 34) darauf. Male den Vampir aus.

3 Klebe den Vampir auf den Boden der Dose, knicke die Seiten an den gefalzten Linien um und klebe sie zusammen. Die Wände mit Klebeband verstärken und mit einem Gummiring absichern.

4 Zeichne die Form des Deckels sowie einen rechteckigen Streifen, so lang wie eine lange Seite der Dose, auf das schwarze Papier. Schneide anschließend das Papier aus und klebe es auf den Deckel, indem du den Papierstreifen überstehen lässt. Er wird umgeknickt und verbindet den Deckel mit der Dose.

5 Klebe den Deckel am Papierstreifen an die Dose, dann einen schwarzen Papierstreifen darum herum. Sichere alles mit einem Gummiring ab und lasse es 15 Minuten trocknen.

Du kannst die Zimmer mit aufgeblasenen Luftballons und Latexhandschuhen schmücken.

Male Totenköpfe auf die Ballons und Knochen auf die Handschuhe. Stecke in jeden Ballon einen Bonbon, bevor du ihn aufbläst. Am Ende der Party können deine Gäste die „Köpfe“ platzen lassen.

Spukschloss-Kerzenleuchter

Du brauchst:
- Modelliermasse, die an der Luft härtet
- einen Stein
- Acrylfarben
- 3 Zahnstocher
- einen Teelöffel
- eine Schere
- einen Pinsel

1 Modelliere die Form des dreiarmigen Kerzenständers und drücke zum Beschweren einen Stein in den Boden. Der Leuchter ist ungefähr 22 cm hoch.

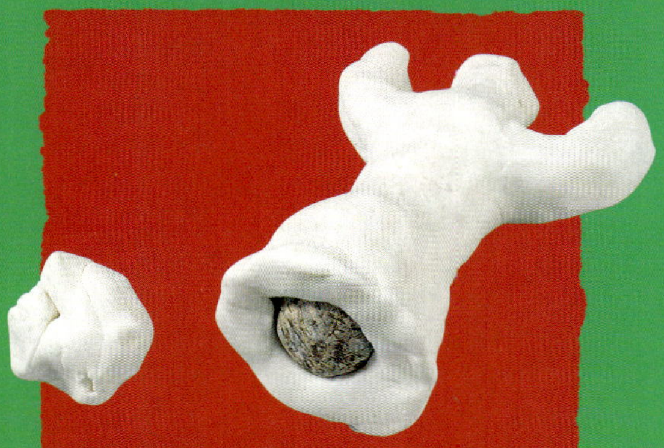

2 Flache das Ende der drei Arme ab und höhle sie mit dem Teelöffel aus, damit du dort die Kerzen hineinstecken kannst. Schneide den Rand rundherum ab.

3 Forme kleine Schnüre, die du um den Fuß und die Arme des Kerzenhalters legst. Rolle die Kerzen und setze sie in die Aushöhlungen des Kerzenhalters. Stecke die Zahnstocher hinein und lasse sie 1 cm hinausragen.

4 Forme drei Flammen und stecke sie auf die Spitzen der Zahnstocher. Modelliere die herunterrollenden Wachstropfen und befestige sie an den Kerzen und dem Kerzenständer. Lasse das Ganze acht Tage lang trocknen. Wenn sich Risse zeigen, verklebe diese mit frischer Modelliermasse.

5 Male den Kerzenständer an, z. B. mit goldener Farbe.

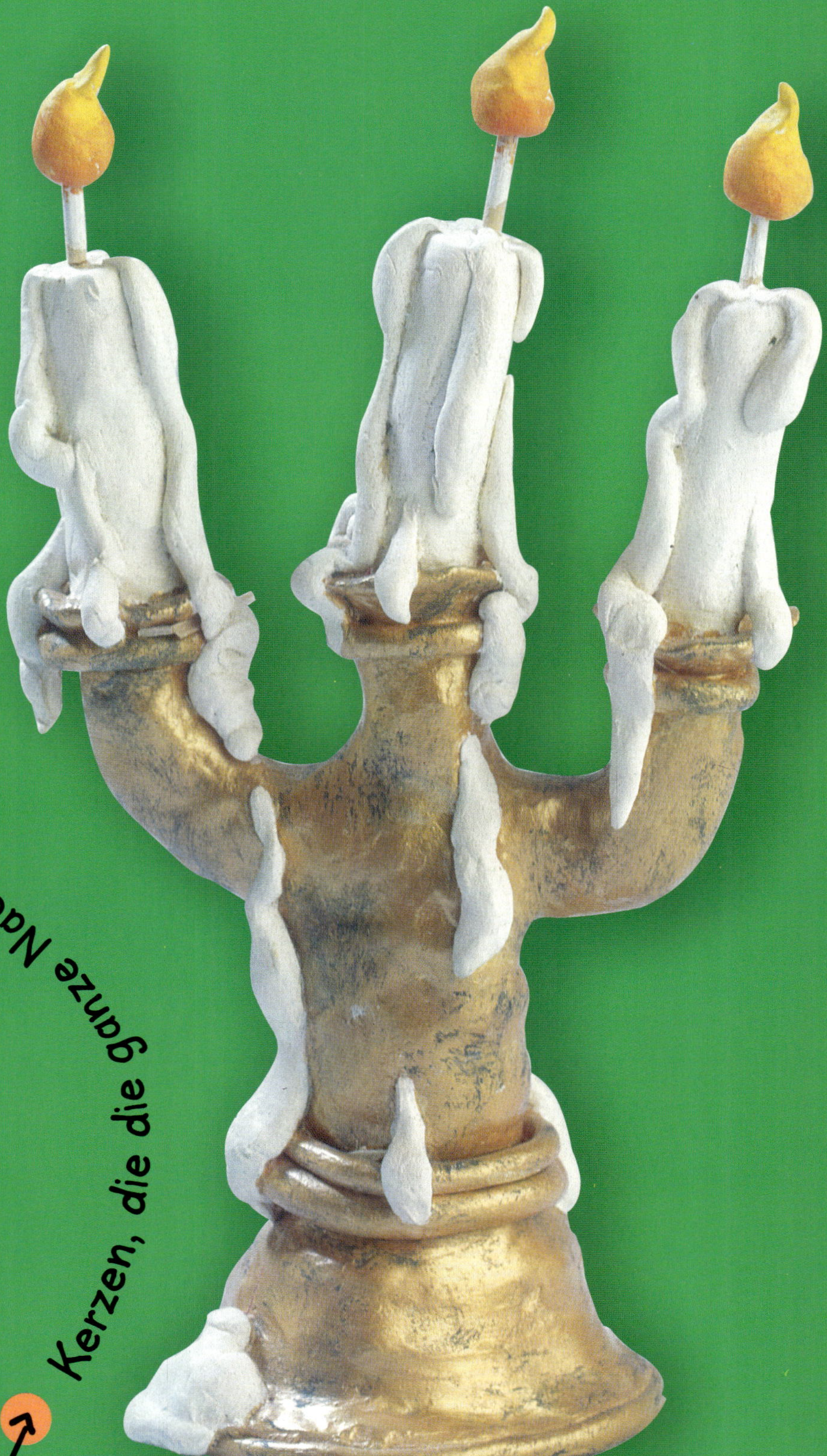

Kerzen, die die ganze Nacht brennen und trotzdem ungefährlich sind!

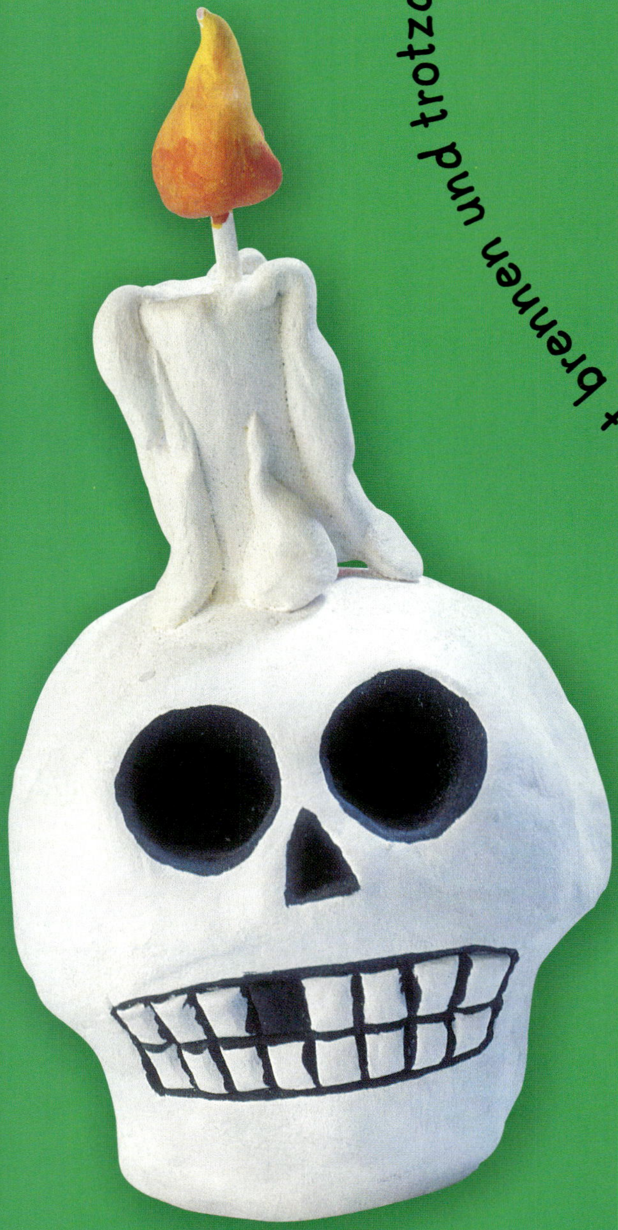

Auch der Totenkopf wird einen Platz in deinem Schloss finden.

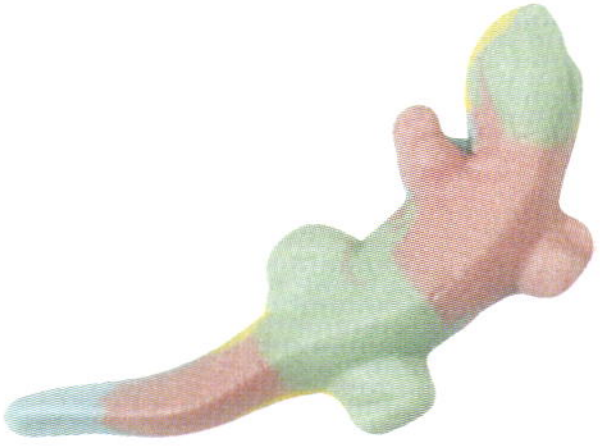

Rezepte zum Fürchten

Madenkuchen

Du brauchst:
- einen runden Rührkuchen
- Puderzucker
- Zitronensaft
- grüne Lebensmittelfarbe
- Fruchtgummiwürmer und -schlangen
- einen Teelöffel
- ein stumpfes Messer

1 Bitte einen Erwachsenen, aus Puderzucker und Zitronensaft Zuckerguss herzustellen. Füge einen Teelöffel Lebensmittelfarbe hinzu und rühre gut um. Verteile den Guss mit einem Teelöffel auf dem ganzen Kuchen.

2 Bohre mit einem stumpfen Messer Löcher in den Kuchen und stecke ein Ende der Fruchtgummiwürmer hinein. Verteile die Fruchtgummis gleichmäßig auf dem Kuchen.

Achtung! Während du mit den Küchengeräten arbeitest, sollte immer ein Erwachsener in der Nähe sein.

Kürbistorte

Du brauchst:

- einen fertigen Mürbeteigboden
- 400 g Kürbis
- vier Eier
- einen Esslöffel Mehl
- 250 g Puderzucker
- fünf Esslöffel Crème fraîche
- 50 g geschmolzene Butter
- je eine Prise Muskat, Zimt, Koriander, Nelken, Anis und Fenchel (oder fertiges Lebkuchengewürz)
- Lakritzschnecken
- eine Fruchtgummispinne

1 Schneide den Kürbis in Würfel und koche ihn, bis er gar ist.

2 Lasse die Würfel gut abtropfen und zerkleinere sie mit dem Mixer.

3 Trenne die vier Eier. Schlage das Eiweiß zu Eischnee. Schlage das Eigelb mit dem Zucker und den Gewürzen auf. Du kannst die angegebenen Gewürze auch durch eine große Prise Vanillezucker und einen Esslöffel Honig ersetzen.

4 Verrühre die Kürbismasse mit der Crème fraîche, der geschmolzenen Butter, dem Mehl, der Eimasse und dem Eischnee.

5 Heize den Backofen auf 230 °C vor.

6 Stelle den Kuchen in den heißen Ofen und schalte ihn nach 10 Minuten auf 180 °C herunter. Lasse den Kuchen noch 30 Minuten im Ofen.

7 Wenn der Kuchen abgekühlt ist, dekoriere die Lakritze wie ein Spinnennetz darauf. Setze die Spinne in die Mitte.

Vorlagen

Für einige Vorlagen kannst du Pauspapier benutzen. Pause die Vorlage ab. Drehe das Pauspapier um und zeichne auf der Rückseite dein Bild mit einem weichen Bleistift nach. Lege das Pauspapier auf die Stelle, auf der das Bild entstehen soll (Vorderseite nach oben). Ziehe dein Bild mit einem Kugelschreiber nach und drücke dabei fest auf: Das Bild drückt sich auf den Stoff oder das Papier durch.

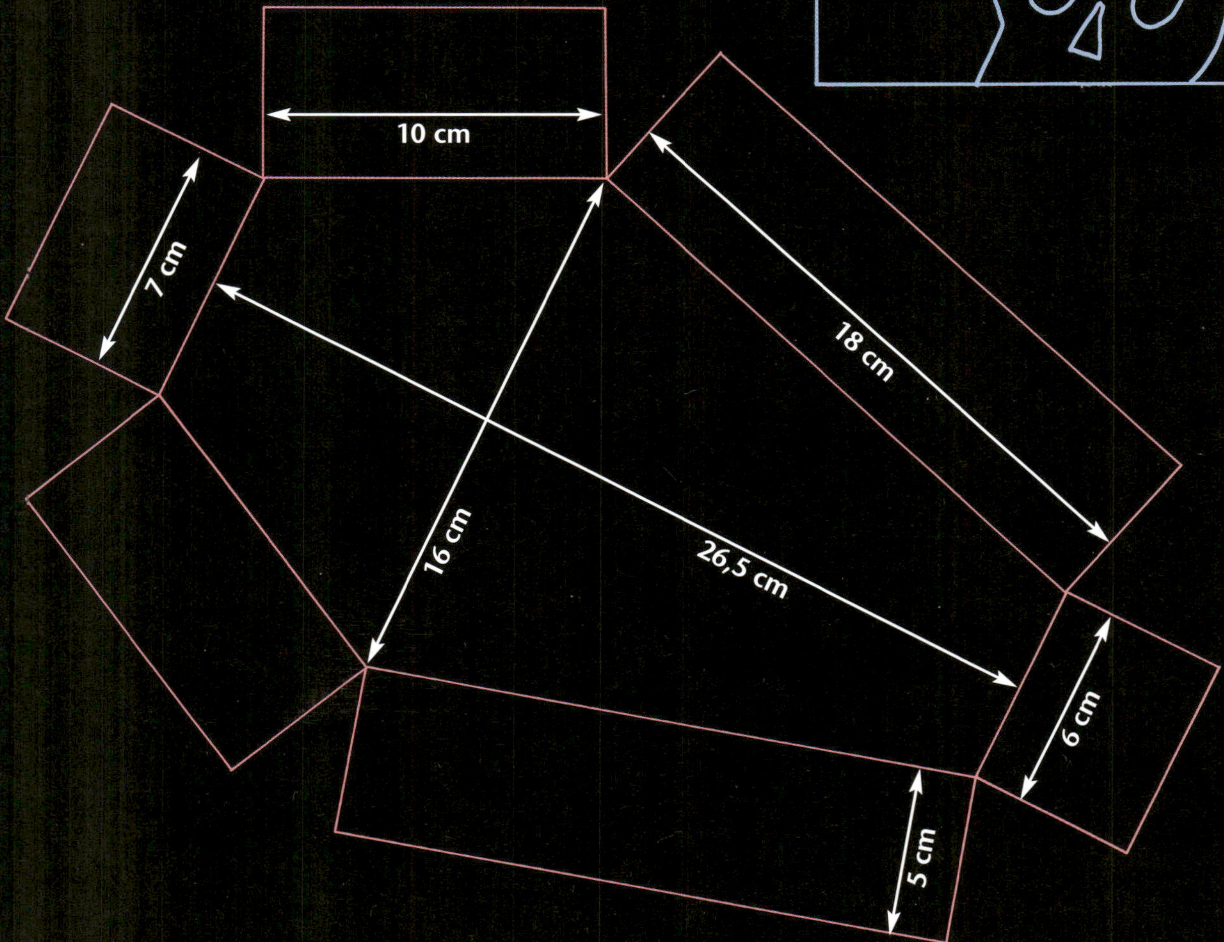

Beim Bonbonsarg solltest du dich an die angegebenen Größen halten.

Du kannst die Vorlagen auch fotokopieren und sie dabei je nach Wunsch vergrößern oder verkleinern.

Die Deutsche Bibliothek –
CIP Einheitsaufnahme

Ein Titeldatensatz für diese Publikation ist bei
Der Deutschen Bibliothek erhältlich

Die Schreibweise entspricht den Regeln der
neuen deutschen Rechtschreibung.

3 2 1 02 03 04

Titel der französischen Originalausgabe:
Halloween

Text: Huguette Kirby
Übersetzung aus dem Französischen:
Kerstin Kraemer
Fotos: Milan / Dominique Chauvet
Grafisches Konzept und Realisierung: Sarbacane
Umschlaggestaltung: Klaus Bender

Printed in Germany
ISBN 3-473-37830-5
www.ravensburger.de